DETENDEZ VOUS !

6 ETAPES POUR SURMONTER LA RESISTANCE
AU CHANGEMENT DANS VOS PROJETS

PATRICE WELLHOFF

www.detendezvous-lelivre.com

DÉTENDEZ-VOUS !

Sommaire

DÉTENDEZ-VOUS !

Préface

Imaginez un instant ce que serait votre situation si tous les projets dont vous avez la charge avançaient sans être freinés. Imaginez que les changements organisationnels que vous pilotez puissent se passer sans difficultés ou que vos programmes informatiques soient utilisés à leur plein potentiel.

Dans ce livre, Patrice explique en des termes simples comment rendre tout cela possible. C'est un plan clair et systématique à suivre, qui va vous permettre d'optimiser votre travail. Il est maintenant temps de passer à un niveau de professionnalisme plus élevé.

Ce livre brillant s'adresse aux entrepreneurs, aux directeurs d'entreprises, aux cadres et aux chefs de projets qui font tous face à un même problème : le problème qui consiste à faire marcher les choses quoi qu'il arrive, malgré l'inertie qui provient de la résistance au changement ; la fameuse inertie qui vous épuise, qui vous stresse et vous donne l'impression qu'il faut constamment se battre.

« Détendez-vous ! 6 étapes pour surmonter la résistance au changement dans vos projets » est la carte qui va vous

montrer la route qui minimisera la résistance. Suivez-la, et avancez sur la route du succès.

En tant que chef d'entreprise moi-même, et conseiller auprès de dirigeants et d'entrepreneurs, je sais combien la résistance au changement peut épuiser quelqu'un. La valeur d'une méthodologie qui permet d'éviter cela n'a pas de prix.

J'ai appris les principes enseignés dans ce livre et je suis impatient de les utiliser avec mes clients. La lecture de ce livre va vous déstresser. Vous allez découvrir comment faciliter vos relations avec vos équipes. Et, ce qui est encore plus important, ce livre va vous aider tout au long de votre carrière.

L'information que vous y découvrirez est pleine de bon sens et extrêmement efficace. Plongez dedans et dévorez chaque mot. Cela va vous permettre de ne plus vous sentir surpris ou découragé par le comportement des gens dont vous avez la charge.

N'oubliez pas de tirer profit des cadeaux, spécialement celui qui vous explique comment résoudre les désaccords.

Si vous appliquez tous les conseils donnés ici, vous allez donner un essor à votre carrière. Il est maintenant temps de construire un environnement plus favorable au travail d'équipe, spécialement en période de changements.

Raymond Aaron
New York Times Best Selling Author
www.aaron.com

A qui s'adresse ce livre ?

C e livre est destiné aux chefs de projet, qu'ils soient chefs de projet en titre, ou qu'ils soient cadres ou dirigeants ayant des projets à piloter dans leur structure.

En effet, tout projet engendre des changements plus ou moins importants dans les rôles, les missions, les fonctions ou les responsabilités des équipes impactées.

C'est vrai d'un projet informatique, comme d'un projet industriel, d'une réorganisation, d'un déménagement, de la mise en place de nouveaux processus, d'une nouvelle politique commerciale, etc.

Les règles et la démarche que vous allez découvrir s'adressent à l'acceptation humaine des changements, quel que soit le secteur d'activité ou le métier concerné.

Tout ce qui s'y trouve s'applique tout autant à des projets limités à un secteur de l'organisation qu'à des projets transverses.

La majorité des exemples que nous prendrons tout au long du livre seront des exemples issus de l'informatique, afin de mieux illustrer notre propos.

Ceci pour plusieurs raisons :

Tout d'abord, parce que nous savons combien les chefs de projets informatiques sont intéressés par le savoir-faire contenu dans cet ouvrage. C'est tout un aspect de la conduite de projet qu'ils n'ont jamais appris. Donc des exemples proches de leur métier les satisferont.

Ensuite, parce que les projets informatiques sont très intéressants dans la mesure où ils donnent l'impression d'être essentiellement techniques, alors que la technique n'est quasiment jamais la cause d'une éventuelle résistance au changement.

Ce livre n'a aucun contenu informatique ou technique. Il se concentre sur les obstacles humains qui empêchent de faire changer les habitudes et les comportements des personnes en général. Vous et moi y compris.

Ce contenu fait partie de ce que vous apprenez dans notre cours de management du changement.

La méthode qui y est enseignée, la méthode PROCMP©, est celle que nous utilisons quotidiennement lorsque nous intervenons dans le cadre de projets.

Cet ouvrage est volontairement court, et se concentrera sur les points clés de la conduite du changement, car nos enquêtes nous ont montré que vous préférez un ouvrage clair et concis à une « bible », certes complète, mais volumineuse et longue à lire.

Il n'est donc ni un document de recherche, ni une thèse, ni un ouvrage intellectuel, mais un guide pratico-pratique, basé sur le bon sens et l'expérience.

En effet, le bon sens est le maître mot de tout management du changement qui se respecte.

Ne sous-estimez pas la puissance des informations qui sont fournies dans cet ouvrage.

Il est possible qu'à la lecture de cet ouvrage, vous pensiez que ce qui est écrit est naturel, évident, et que « tout le monde le fait ». S'il est vrai que ce qui est écrit est naturel et profondément logique, nous savons par expérience que rares sont ceux qui appliquent réellement ce qui est écrit ici. Dans le cadre de changements, le bon sens est souvent sacrifié à l'autel de la rapidité et de l'urgence... ce qui, en réalité, allonge le temps, augmente les coûts, et crée des grognes et des résistances, là où l'on ne souhaitait qu'acceptation et bonne volonté.

Comme l'on dit très justement en anglais, « Common sense is not so common. »

Alors, bonne lecture et surtout, bonne mise en œuvre !

Qui doit être capable de manager le changement ?

Vous.

Si vous êtes chef de projet, votre fonction vous conduit à mettre en place des changements.

Si vous êtes cadre ou dirigeant, il y a fort à parier que vous devez de temps à autre mettre en place des changements organisationnels, des nouveaux processus, ou des nouvelles manières de travailler dans votre carrière.

Dire que nos entreprises doivent faire face à un monde qui bouge, et qu'elles doivent par conséquent elles aussi évoluer, revient aujourd'hui à enfoncer une porte ouverte. Le vrai problème est que, même si l'on est d'accord avec cette affirmation, peu d'organisations savent comment s'y prendre pour le faire sans heurts ou tensions. C'est là où les organisations doivent intégrer les pratiques du management du changement.

Aucun cadre aujourd'hui ne peut réussir à piloter réellement ses équipes s'il ignore comment les faire passer au travers les méandres des changements.

En fait, une des faiblesses de nos organisations vient du manque de mise en œuvre des changements, ou du temps que ceux-ci prennent à être réellement mis en œuvre. Il y a souvent beaucoup trop de temps entre le moment où un changement est annoncé et celui où il est entré dans les mœurs.

Et pour un chef de projet ? Un chef de projet n'est pas simplement jugé sur les aspects techniques de son projet.

Un chef de projet est jugé sur le fait que le système ou le dispositif qu'il élabore fonctionne et est utilisé. Parce que s'il n'est pas utilisé, c'est évidemment, dans l'esprit de la majorité des gens, qu'il a mal été conçu. Et s'il a mal été conçu, c'est que le chef de projet a mal fait son travail.

En informatique, cela se passe plus souvent qu'on veut bien le dire :

Combien de logiciels merveilleux sont sous-utilisés ? Combien de produits achetés ne sont jamais mis en place et restent sur les étagères ? Quel est le vrai taux d'utilisation d'un logiciel un an après sa mise en service ? Le problème est moins dans la création et l'invention de solutions techniques que dans l'appropriation des outils.

Lorsqu'on regarde le faible pourcentage de solutions réellement mises en place comme elles le devraient, on voit une grande déperdition. On voit des logiciels merveilleux sous-utilisés, des fonctionnalités clés ignorées, des systèmes parallèles parasites naître çà et là, etc. La cause sous-jacente à tout cela est le manque de connaissance en management du changement.

C'est pourquoi vous devez maîtriser le management du changement lors de vos projets.

Mais le côté intéressant est aussi le suivant : vous pouvez **récupérer** tout ancien projet qui n'a pas bien été accepté, grâce à notre méthodologie PROCMP©.

- Vous avez un CRM que les commerciaux n'utilisent vraiment pas correctement ?
- Votre GEIDE n'est plus utilisée ?
- L'agenda partagé n'entre pas dans les mœurs de la société ?
- La messagerie est mal utilisée et résulte en un incessant spam interne ?

Ce qui est vrai des projets informatiques est aussi vrai de tout autre type de projet de changement :

- Les processus qualité ne sont pas suivis ?
- Les valeurs prônées par l'entreprise ne sont pas rentrées dans les mœurs ?
- Personne ne suit réellement les procédures organisationnelles ?

- Trois ans après une fusion d'entreprises, il reste toujours deux clans séparés.

Tout ceci peut être résolu en déroulant un processus de changement.

Dans chacun des cas ci-dessus, même s'il n'y a apparemment aucun nouveau projet à mettre en place, il reste tout de même à obtenir un changement d'habitudes et de comportements.

La bonne nouvelle est que ceci peut encore être accompli, même des mois ou des années après la fin du projet. Vous pouvez faire changer des habitudes à tout moment si vous maîtrisez les techniques exposées dans cet ouvrage.

Vous avez en mains, pour la première fois peut-être, un guide et un processus pour faire aboutir un changement. Chaque étape est expliquée et il ne vous reste plus qu'à les réaliser.

Avec ce guide – pourvu que vous suiviez la démarche méthodologique qu'il vous enseigne – vous êtes suffisamment armé pour pouvoir planifier vos changements dans le temps, et arriver à un réel résultat.

Acquérir la compétence

F aire changer des habitudes et des comportements peut sembler difficile. Le poids des habitudes, la peur de l'inconnu, la difficulté de la nouveauté, la zone de confort dont on ne veut pas s'éloigner sont des obstacles qu'il va falloir vaincre.

Néanmoins, il y a deux paramètres différents qui font qu'un changement est difficile à conduire :

- Le premier est la difficulté de l'obstacle à franchir. Il est par exemple plus difficile de faire changer 300 commerciaux qui ont tous décidé qu'ils n'utiliseront pas de CRM que d'en faire changer 30 pour qui cela ne pose pas trop de problèmes.

- Le second est moins visible : c'est simplement le fait que vous n'avez jamais appris à le faire. Si personne ne vous a appris comment vous y prendre, il n'est pas étonnant que le sujet puisse sembler difficile.

Un même sujet apparaîtra toujours comme difficile à un néophyte, alors qu'il semblera clair à celui qui le comprend et élémentaire à celui qui le maîtrise. Le degré de complexité d'un sujet est toujours inversement proportionnel à la maitrise qu'on en a.

Maintenant, la chose la plus étonnante que nous ayons rencontrée, c'est que la majorité des problèmes de résistance au changement semblent provenir de la première raison, alors qu'ils découlent le plus souvent de la seconde. C'est bien moins la difficulté de l'obstacle à franchir que le manque de savoir-faire en management du changement qui est la source des problèmes.

Nous avons rencontré un grand nombre de cas illustrant cela : de la direction générale qui veut faire passer les changements en force, car « les employés sont là pour obéir » au chef de projet tellement perdu face à la variété des comportements qu'il considère que son travail est terminé quand le projet technique est terminé.

Hélas, ni l'un ni l'autre n'a raison.

Le dirigeant qui veut tout faire passer uniquement en force scie la branche sur laquelle il est assis. Les gens risquent de lui en vouloir, de travailler avec moins de bonne volonté, avec un moins bon esprit de service que ce soit en interne comme vis-à-vis des clients. Or toute la richesse d'une organisation s'exprime lorsque les gens travaillent de manière coordonnée en équipe. Passer en force casse l'esprit d'équipe, la volonté de créer et le désir de rester coordonnés ; cela crée des individualités et démobilise les gens.

La force est utile pour faire passer des idées, pourvu qu'on sache l'employer au bon moment et à bon escient.

Le chef de projet informatique qui pense que sa mission s'arrête lorsque le projet technique est terminé prend un grand risque : celui de pénaliser sa propre carrière. En effet, je n'ai jamais vu une personne qui, lorsqu'elle résistait au changement, disait « j'ai peur de la nouveauté, » ou « c'est trop compliqué pour moi. » Par contre, j'ai souvent entendu « le logiciel est trop compliqué » ou « il ne travaille pas comme moi » ou encore « cela ne répond pas au besoin ». Eh bien, toutes ces affirmations nuisent à l'image et à la carrière du chef de projet, car elles véhiculent une mauvaise image de ce qu'il a réalisé.

Si vous rajoutez à ces affirmations quelques réels couacs au démarrage d'un projet, vous pouvez facilement imaginer ce que devient la réputation du chef de projet ; il va devoir redoubler d'efforts pour redorer son blason.

En résumé, vous devez savoir comment piloter un changement. Il en va de la réussite de vos projets, de vos équipes et de votre carrière.

Si vous suivez ce guide, vous pourrez y arriver : vous pourrez piloter des changements.

Faire changer des équipes, des entreprises, des administrations, voire des villes ou des pays est possible.

La vraie question est d'avoir la carte qui permet de traverser la forêt.

Ce livre est votre carte. Il est destiné à fournir un guide rapide pour vous aider à faire que vos transformations, mutations ou projets se passent le mieux possible, en créant le plus d'adhésion possible et en générant le moins de résistance au changement.

Comme nous l'avons vu, il est basé sur la méthode PROCMP© que nous avons mise au point et que nous appliquons au quotidien pour réussir nos missions.

La première cause de résistance au changement n'est pas toujours celle que l'on pense

L e retour d'expérience que nous avons eu sur les missions où nous avons été appelés pour aider les entreprises ou les administrations lorsqu'un changement ne prenait pas la tournure attendue est très instructif : **nous nous sommes aperçus que dans environ 80 % des cas la résistance au changement était provoquée par ceux-là mêmes qui devaient conduire le changement.**

Vous voyez, les gens ne résistent pas « naturellement ».

S'il est vrai que l'on a tous du mal à changer nos habitudes et nos comportements acquis, il ne faut pas confondre cela avec de la résistance.

Le poids de l'habitude n'est qu'un aspect de la résistance au changement, peu difficile à résoudre dans la mesure où la personne concernée est d'accord pour changer. En effet, dans ce cas-là, on travaille avec la bonne volonté de la personne qui éprouve des difficultés.

Ce qui est plus difficile, c'est de se battre contre le refus de changer, contre la personne qui dit « non », qui ne veut pas.

La cause de ce phénomène est très bien décrite dans la définition même du terme résistance que l'on trouve dans le dictionnaire : la résistance, c'est l'aptitude d'une personne à ne pas flancher sous les attaques et les dangers.

Une personne résiste quand elle considère être attaquée. Par conséquent, la résistance est un phénomène naturel ; l'aptitude à résister est une qualité.

Aujourd'hui, ce phénomène peut être entaché d'une aura négative... Mais ce n'était pas le cas en 1945 où le mot à bannir était « collaborer » et le mot en vogue était « résistance ».

Ainsi, si les personnes concernées par le changement se sentent attaquées ou sentent du danger, elles vont naturellement résister. Le fait que le danger existe ou non est secondaire. Ce qui crée de la résistance, c'est le fait que les gens pensent qu'un danger existe.

Ceci explique pourquoi tous ceux qui veulent empêcher le changement vont tout faire pour expliquer combien ce changement est risqué ou dangereux. C'est le phénomène qui permet de déclencher la résistance.

Donc, la première chose à savoir est que si vous ne savez pas comment vous y prendre, et notamment si vous ne savez pas présenter adéquatement un projet de changement, vous risquez de créer plus de résistance que si vous n'aviez rien mis en œuvre.

La seconde chose à savoir est que, à moins que vous ayez déjà une très mauvaise image au sein de vos équipes, vous allez pouvoir éviter les résistances et amener vos équipes à vous suivre.

En ce qui concerne le poids des habitudes, vous découvrirez tout au long de cet ouvrage que cela peut être tout à fait changé... lorsque l'on s'y prend de la bonne manière.

Savoir conduire le changement est donc un savoir-faire redoutable pour tout cadre, dirigeant ou chef de projet.

Encore une fois, il y a fort à parier que votre réussite professionnelle soit directement liée à ce savoir-faire.

Détendez-vous !

Les petits secrets du comportement

Avant de détailler toute la démarche, il est nécessaire de comprendre et de se familiariser avec certaines règles du comportement humain, car elles sont fortement utilisées dans notre démarche. Les connaître vous permettra d'agir avec plus de facilité et de souplesse dans vos changements. Nous en avons isolé quelques-unes qui vous seront particulièrement utiles dans le cadre du management du changement.

Ces règles s'appliquent tout autant à un projet interne à un service qu'à un projet transverse.

Hélas, ce livre étant volontairement limité, nous ne pourrons pas beaucoup nous étendre sur le sujet. Néanmoins, et pour ceux que cela intéresse, rendez-vous sur notre site www.detendezvous-lelivre.com dans la partie « Recevez vos cadeaux » et entrez le mot de passe « procmp » pour en savoir plus à ce sujet. Vous y trouverez un podcast qui explique plus en profondeur les règles qui sont expliquées ci-dessous.

Règle 1 : la pensée précède l'action.

La pensée précède l'action, du moins dans tous les comportements rationnels et non automatiques. Si je veux construire une nouvelle maison, je commence à la penser, puis je la dessine, puis je la bâtis. Je ne commence pas par l'action de poser une pierre pour ensuite me demander quelle sera la forme de la maison. De la même manière, j'envisage le dîner que je vais faire avant de commencer à cuisiner.

Nous utiliserons cela en familiarisant suffisamment les collaborateurs avec l'idée même du projet, ce qui facilitera les étapes ultérieures.

Règle 2 : il est plus facile d'être d'accord dans la tête que dans les actes.

Qu'entend-on par cela ? Tout simplement qu'une idée demande moins d'effort qu'une action. Il est plus facile d'envisager d'aller s'installer dans un autre pays que d'y aller réellement. Il est plus facile de penser mettre une nouvelle cloison dans un appartement que d'aller chercher les matériaux et de se mettre à l'ouvrage. Dans le premier cas, il faut simplement se familiariser avec une nouvelle idée ; dans le second, il y a des centaines d'actions à mettre en œuvre.

Nous allons utiliser cette loi : il est plus facile de se familiariser avec l'idée qu'avec l'action.

Règle 3 : nos actions sont déterminées par notre manière de voir les choses.

Il y a une certaine cohérence là encore entre l'idée et l'action. Expliquons-nous. Si j'ai l'idée que tel pays est dangereux, alors il est fort probable que je ne chercherai pas à aller dans ce pays. Si j'ai l'idée que le service parallèle au mien est rempli d'employés qui ne font rien du matin jusqu'au soir, mon attitude s'en ressentira. Si je suis fonctionnaire et pense que le monde du privé est celui de l'injustice et de l'unique recherche du profit, j'aurai une certaine attitude vis-à-vis des gens du privé. Et si je suis dans le privé et que je pense que tous les fonctionnaires ne sont que des paresseux payés à ne rien faire, il y a des chances que j'adopte une attitude méprisante vis-à-vis des fonctionnaires…

Remarquez que l'idée sur laquelle je me base n'a pas besoin d'être vraie. Si je suis capable de faire croire que mon pays va se faire attaquer, il me sera plus facile de former une coalition de défense autour de moi. Donc gagner le combat de l'idée est aussi important que de gagner celui de l'action.

Règle 4 : la répétition est un outil de management.

Je suis sûr que vous connaissez tous quelqu'un qui vous a dit « je l'ai déjà dit, je n'ai pas besoin de répéter ». Certains managers pensent même parfois que s'ils doivent répéter les choses, c'est qu'ils ont manqué d'autorité, ou qu'on leur fait perdre leur temps.

Je ne sais pas d'où vient cette idée, tant elle est fausse, mais en tout cas elle est parfois bien fixée chez certains. Pourtant l'observation montre que c'est faux !

Regardez l'école : combien de fois avez-vous répété les règles de grammaire ou réappris les mots d'une langue étrangère ? Répéter est pédagogique.

Regardez le reste du monde : que font nos politiques pour vous rallier à leurs idées ? Ils répètent et répètent leur message de campagne. Comment font les maisons de disques pour lancer un tube ? Elles le font passer de nombreuses fois sur toutes les radios ! Comment font les publicitaires pour nous faire réaliser que leurs produits sont nécessaires ? Eh oui, vous avez deviné, ils répètent encore et encore le spot publicitaire.

Les lois du marketing direct vous enseignent qu'une même promotion doit être envoyée trois fois de suite.

Déjà au temps de la Rome antique, on disait « bis repetita placent » ce qui se traduit par « ce qui est répété plaît ».

Tout cela pour dire : utilisez cette règle à votre profit !

Règle 5 : il est plus difficile de se mettre en opposition avec ses pairs qu'avec sa hiérarchie.

Il est très facile de ne pas être d'accord avec « son chef ». C'est presque normal, c'est quasiment bien vu. Inconsciemment, beaucoup de personnes s'attendent à des désaccords (pas trop profonds évidemment) avec la hiérarchie. Par exemple, « la hiérarchie en demande trop », ou « elle n'est pas consciente de ce qui se passe », ou « on ne pourra jamais y arriver dans les temps impartis ».

Par contre, il est très difficile de rester en désaccord avec ses pairs. Imaginons que pour une raison donnée, un grand bureau doive déménager d'un bâtiment au bâtiment d'en face. Rien de bien grave, juste une réorganisation des espaces. Et, disons qu'une des personnes du bureau proteste, dise que ce n'est pas juste, ou que ce n'est pas normal… et que le reste du bureau lui réponde qu'il ne voit pas où est le problème. La position est très difficile à tenir, car ce collaborateur n'a pas l'accord de ses pairs, et son attitude ne va pas durer longtemps.

C'est pourquoi la roue du changement que vous allez découvrir suit la loi de la majorité. Le changement prendra quand une majorité de personnes l'aura adopté.

Règle 6 : dans la conduite du changement, la plupart des problèmes apparaissent bien après que l'erreur a été commise.

Par exemple si vous ne vous assurez pas de l'adhésion de l'encadrement intermédiaire dès le départ, les problèmes surgiront lors du démarrage réel, donc bien plus tard, et peu dans les phases préparatoires. C'est pourquoi une méthodologie est importante : en en détaillant les étapes, elle évite de nombreuses erreurs dont les répercussions peuvent parfois être difficiles à réparer.

Je vous suggère de vous rendre sur notre site www.detendezvous-lelivre.com et écouter notre podcast qui vous permettra d'en savoir un peu plus à ce sujet.

Mes Notes

La roue du changement

E ntrons maintenant dans le vif du sujet en survolant la méthodologie PROCMP©.

Il est intéressant d'observer que, bien que nous soyons tous différents et que nos projets et nos changements soient aussi tous différents, nous passons par des phases identiques lorsque l'on doit faire face à un changement. Il existe par conséquent un cycle naturel par lequel on passe.

C'est pourquoi il est possible de modéliser le changement et d'en tirer une démarche.

La méthodologie que nous allons vous exposer peut se représenter sous la forme d'une roue que nous avons appelée la roue du changement.

Cette roue et sa méthodologie associée ont pour objectif de s'assurer que les équipes passent progressivement d'une phase à l'autre, ce qui amènera le changement. Pour ce faire, celui qui pilote le changement va devoir conduire certaines actions dans un certain ordre.

Vient-elle de nous ? En toute honnêteté, oui et non.

La partie qui ne vient pas de nous est la suivante : un jour nous sommes tombés par hasard sur ce schéma qui montrait les différentes phases d'un changement, sans aucune autre indication que les 5 termes qui font partie de cette roue. Pas d'explication, pas de définition, rien. Nos recherches pour en savoir plus n'ont rien donné.

Mais ces termes semblaient révéler un savoir plus profond qu'il n'en paraissait au premier abord. Ils nous ont immédiatement semblé pleins de bon sens. En soi, ils décrivent une séquence dans le temps par laquelle on passe lors d'un changement.

En voyant cette roue, nous avons réalisé que pour passer d'une culture à une autre culture, il faut d'une part percevoir qu'un changement est nécessaire, puis il faut ensuite changer sa manière de penser qui permettra ultérieurement de changer son comportement. Une fois ce comportement répété, il deviendra ensuite une habitude. Et quand cette habitude sera partagée par le plus grand nombre nous obtiendrons une nouvelle culture.

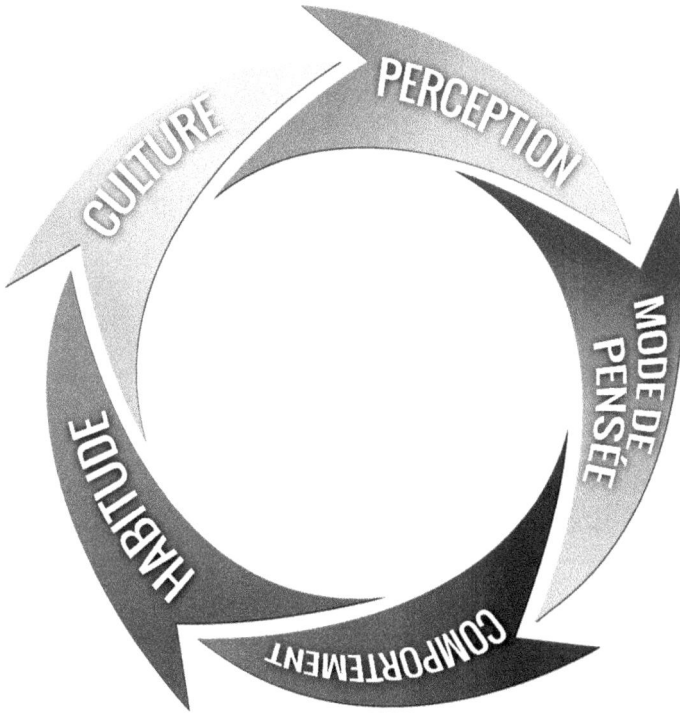

C'est vrai. C'est simple. Mais il reste la question clé : comment fait-on ?

C'est là que nous avons fait des recherches, nous avons testé et nous avons développé une démarche complète de changement, que nous appelons PROCMP©

Notre démarche explique les <u>actions à mettre en place</u> à chaque étape pour réussir à passer à l'étape ultérieure.

Et c'est comme ça que nous faisons avancer nos projets de changement.

En fait, ce que vous apprend notre méthodologie, ce n'est pas ce que les étapes sont, mais comment vous assurer que vos utilisateurs vont bien passer par toutes ces étapes.

Maintenant, expliquons brièvement en quoi consistent ces étapes :

La roue démarre à culture et se termine à culture.

Pour passer d'une culture à une autre, on passe successivement par ces différentes étapes.

Pour vous familiariser avec la logique de cette roue, nous allons illustrer cela par deux exemples, un exemple individuel, et un exemple qui s'applique à un groupe de personnes.

Exemple individuel : vous désirez changer de travail.

Disons que vous avez une certaine fonction dans une certaine entreprise. Nous pourrions dire que vous vivez dans une certaine culture professionnelle, qui a ses valeurs, ses rites, ses actions.

Un beau jour, vous avez l'idée qu'il est temps de changer d'entreprise. Cela commence certainement par une petite idée... mais qui va faire son chemin. De l'idée vous allez passer aux petites annonces, commencer à parler à votre réseau, puis l'idée avançant vous allez chercher plus à fond, et chercher plus activement.

A un moment vous allez avoir quelques rendez-vous, et pour chaque entreprise et chaque entretien vous allez commencer à envisager les conséquences et impacts de choisir tel ou tel poste.

Puis vous prenez votre décision, basée sur ce que vous avez compris du poste proposé et de l'entreprise. Vous signez, donnez votre démission et démarrez votre nouveau travail.

Là, au début tout est nouveau. Tout est évidemment un peu différent de ce que vous aviez compris (et très différent si vous vous étiez mal compris lors de la phase de recrutement). Il y a fort à parier que certaines choses se passeront mieux que vous ne l'espériez, et d'autres moins bien. Mais c'est la vie et vous vous ajustez en conséquence.

Puis avec le temps ce qui était nouveau devient habituel. Vous connaissez votre nouveau travail, vos nouveaux collègues, et les valeurs de la nouvelle structure.

Le temps passant, vous avez maintenant intégré ces valeurs et êtes rentré dans une nouvelle culture.

Si vous examinez votre attitude en détail, vous verrez que vous êtes en fait passé par toutes les étapes de la roue du changement :

- Culture (initiale) : C'est votre travail de départ.
- Perception : c'est lorsque vous commencez à envisager de changer, à vous familiariser avec l'idée
- Mode de pensée : c'est lorsque vous démarrez les actions de recherche active, que vous regardez

réellement les différentes options possibles, que vous passez vos entretiens et faites votre choix définitif.

- Comportement : c'est votre nouvelle attitude lors de votre période d'essai/d'apprentissage de la nouvelle société
- Habitude : vous n'êtes plus un nouveau, vous avez repris vos marques dans le nouvel environnement
- Culture : vous avez totalement intégré l'entreprise, ses valeurs et ses rites.

Exemple d'entreprise : un nouveau processus informatisé.

Une entreprise habituée à gérer des processus manuels de SAV décide de mettre en place un processus informatisé afin de servir mieux ses clients.

Elle décide donc de mettre en place un logiciel qui démarre lors de l'ouverture d'un ticket d'intervention par le service client. Ce ticket est ensuite assigné à une équipe responsable de la zone géographique d'intervention.

Les tickets passent ensuite à un dispatcheur qui les assigne à des techniciens qui reçoivent la fiche écrite avec tous les détails utiles, y compris le matériel de réparation devant être embarqué dans la camionnette de dépannage afin de s'assurer d'avoir tout le jeu de pièces de rechange pouvant être nécessaire.

La fiche est remplie manuellement par le technicien lors de l'intervention, signée par le client et numérisée dans le système afin de déclencher la facturation et un email de compte rendu auprès du client.

Ce projet est annoncé, mais il n'est pas très bien ressenti : personne ne voit l'utilité d'un tel système. Comme il n'y a actuellement pas de plaintes formelles des clients, et que la qualité de service est dans la moyenne du secteur on se demande pourquoi s'ennuyer avec l'informatique, d'autant plus que dans l'esprit des gens, informatique = plus de contrôles et moins de libertés.

Le côté positif, c'est qu'il n'y a pas de réelle résistance non plus.

Le projet avance donc, et les équipes se préparent. L'équipe projet travaille plutôt bien avec les futurs utilisateurs.

Les utilisateurs sont alors formés, et le « go-live » a lieu le 1er mars. Malgré les quelques couacs du démarrage, notamment les lenteurs inexplicables du système et quelques fiches qui n'avancent pas dans le système pour des raisons inconnues, au bout d'un mois le logiciel est stabilisé.

Encore un mois, et tout le monde arrive à peu près à se débrouiller correctement avec l'ensemble.

Un trimestre plus tard, le système est intégré par tous, et un an plus tard, il est devenu le référentiel incontournable du SAV.

Comme l'on voit dans cet exemple, tout se passe plutôt bien dans ce projet. Et là encore, nous avons vu une roue du changement à l'œuvre :

- Culture initiale : le SAV fonctionne par fiches papier.
- Perception : ils réalisent que cette année un logiciel va être mis en place afin de fiabiliser la qualité des interventions.
- Mode de pensée : ils comprennent toutes les implications de ce nouveau système dans leur travail quotidien, et ajustent leur travail et le logiciel afin de pouvoir travailler au mieux ; enfin, ils apprennent à utiliser le système.
- Comportement : on met le système en exploitation, et on se heurte à la réalité du terrain.
- Habitude : on sait maintenant utiliser le système sans se poser de questions.
- Culture : le système fait partie de la culture SAV. C'est le référentiel des interventions réalisées et à venir.

Evidemment, tout ne se passe pas toujours si simplement que cela ; c'est la raison pour laquelle il vous faut comprendre la roue du changement. Peut-être avez-vous vécu certains changements bloqués au milieu du gué ? C'est le symptôme d'un manque de savoir-faire à une des étapes de la roue qui immobilise le processus.

Vous allez devoir mettre en œuvre des actions précises pour que tout se déroule bien.

La théorie est en tout cas simple :

Pour passer d'une culture à une autre, il faut d'abord percevoir qu'une autre culture peut exister, et qu'elle ne serait peut-être pas stupide, voire qu'elle est nécessaire.

Une fois ceci perçu, on se pose des questions sur les tenants et aboutissants du changement, et on règle sur le papier tous les points de détail nécessaires : on est dans la phase mode de pensée. Vous voyez, on commence par se familiariser avec l'idée avant de se lancer dans l'action.

Enfin, on démarre dans la vraie vie... qui est toujours différente de ce que l'on envisage sur le papier. C'est la phase comportement.

Puis avec le temps, le nouveau comportement acquis devient une habitude jusqu'à ce que cette habitude fasse partie intégrante de votre culture.

Tout l'art de la roue du changement consiste à :

- Savoir que ces phases existent et les comprendre,
- Etre capable de faire passer les collaborateurs par ces phases, en mettant en place les actions requises,
- Maîtriser les outils à utiliser dans chacune de ces phases.
- Etre capable de mettre en place un dispositif adéquat.

Les prochains chapitres du livre vont détailler les points clés de chaque phase.

La majorité des échecs dans le changement proviennent :

- De ne pas connaître cette roue, sauter des étapes, en faire à la va-vite ou les faire dans le désordre,
- Ne pas savoir les actions à mener dans chaque étape,
- Savoir tout ce qui doit être fait... mais faire autre chose à la place par manque de temps, de budget, ou autre chose.

L'erreur classique des directions

Il existe une erreur extrêmement classique que font nombre de directions qui annoncent des changements aux collaborateurs.

Cette erreur est la suivante : analyser une situation, envisager la bonne solution à mettre en œuvre, et faire ensuite un grand kick off pour annoncer au personnel qu'il va y avoir des changements, et qu'une nouvelle organisation va démarrer à telle date.

Où est l'erreur ? La direction veut aller trop vite, et pour faire rapidement trois pas en avant elle en fait deux en arrière. La direction saute les étapes perception et mode de pensée pour tenter de faire passer les collaborateurs directement à l'étape comportement. Cela ne marchera pas. La direction confond vitesse et précipitation.

Le résultat le plus classique, c'est la douche froide. Personne ne partage la vision de la direction. Personne ne comprend. La majorité des collaborateurs est en désaccord avec le plan, et selon le niveau émotionnel des uns et des autres et la culture d'entreprise, on se retrouve avec soit une acceptation apparente par devant sans aucune action par derrière, soit des discussions interminables, soit du stress qui monte, voire des dépressions, soit même une grève dans les cas extrêmes.

Maintenant, tout est à reprendre, en commençant par réparer les pots qu'elle a elle-même cassés.

A l'heure où les risques psychosociaux menacent les entreprises, vous devez maîtriser la roue du changement et éviter de telles erreurs et leurs conséquences.

Voilà ce qu'est la roue du changement : une analyse fine et une observation détaillée d'un processus de changement, qu'il concerne une personne seule ou un groupe d'individus. La méthode PROCMP© va consister à faire réellement passer les équipes par les différentes phases, jusqu'à ce qu'elles aient adopté la nouvelle attitude désirée : nous allons guider les équipes afin de les familiariser avec la nouvelle organisation, et les faire progressivement passer de l'idée à l'action.

Mes Notes

Dans quelle culture s'inscrit mon changement ?

L'étape Culture (initiale)

Commençons par le début. Vous envisagez un changement, quel qu'il soit ? Eh bien, avant de l'annoncer, vous avez une étape préliminaire importante à franchir : comprendre le terrain existant.

Ce que nous appelons dans notre méthode l'étape culture initiale.

Cette étape a pour objectifs de bien comprendre la situation et le contexte dans lequel il faudra intervenir, et de découvrir les implications – pas toujours évidentes – que le changement va impliquer.

Prenons un exemple tout simple : une entreprise décide de mettre en place un système de Gestion Electronique de ses Documents. Elle désire que tous les contrats commerciaux de vente et que tous les justificatifs et tous les échanges de courriers avec les clients soient scannés et conservés.

Si l'on s'arrête au côté technique du projet, le projet n'est pas obligatoirement très complexe à comprendre et à mettre en place.

Mais il y a plusieurs choses à regarder au-delà de la technique, sans quoi l'on va passer à côté de problèmes qui risqueront de nuire à la réussite du projet : il faut comprendre le contexte de travail dans lequel ce projet va s'inscrire.

Généralement, en début de projet, le sponsor va vous détailler la situation existante et la situation qu'il désire. Mais la connaît-il réellement ? Ce n'est pas toujours le cas. En ce qui nous concerne, sur les 20 derniers projets que nous avons accompagnés, il n'y a eu qu'un cas où ce que nous avait dit la direction correspondait à la vérité du terrain. Dans les autres cas, soit le sponsor était issu du terrain et nous décrivait la situation telle qu'elle avait été dans le passé, soit il relatait ce que d'autres lui avaient raconté.

Donc devez-vous l'observer de vos propres yeux ? ABSOLUMENT !

Votre système va changer en profondeur certaines habitudes. Si vous ne connaissez pas le terrain, vos choix risquent d'être mal adaptés : par exemple de choisir de mettre en place des scanners à plat sur des bureaux trop petits, ou des photocopieurs multifonctions trop bruyants pour un open space.

Si vous n'avez pas vu le terrain, vous ne serez même pas conscient de l'impact de certains de vos choix.

Le changement que vous allez conduire, comme tout changement, va avoir différents types d'effets :

- Certains seront très positifs et amélioreront les choses.
- D'autres seront des changements de manière de faire qui n'auront pas de grand impact.
- D'autres enfin dégraderont quelque peu la situation existante.

L'art de la bonne décision consiste à amener le plus de positif et le moins de négatif possibles. Il est dommage de gâcher la réussite de son projet parce que l'on a fait de mauvais choix qu'il eut été facile de prévoir par une simple visite du terrain.

C'est ce que la personne qui conduit le changement doit impérativement comprendre. Et là, on est loin du périmètre simplement technique.

Même en ce qui concerne un logiciel, il y a énormément de manières de paramétrer un système. Quelqu'un qui sait comment les gens travaillent pourra d'autant mieux le paramétrer et coller aux besoins.

Il doit être capable de savoir honnêtement ce qui ne va pas être amélioré avec son projet, voire les problèmes qu'il va créer. Car le projet va créer certains problèmes, obligatoirement. Et comme chacun le sait, tout ne sera pas parfait, il est bon d'avoir une idée de ce qui ne sera pas amélioré.

Pour toutes ces raisons, il faut connaître la culture existante.

Maintenant, sans entrer dans une définition philosophique, qu'est-ce qu'une culture ?

Ce que nous appelons ici culture est simplement des habitudes partagées par la majorité.

Vous allez donc devoir repérer et lister au mieux les impacts organisationnels et humains que le changement va entraîner dans son sillage.

Cela vous permettra de mesurer la quantité d'efforts qu'il va falloir déployer. Plus on va changer d'habitudes, plus cela va demander d'efforts.

Cela vous permettra de voir votre projet avec les yeux de ceux qui vont le vivre sur le terrain. Ce qui vous semble a priori positif peut être très différent de ce qui va le sembler à un utilisateur.

Cela vous permettra de mieux cerner ce que les mots employés veulent dire : une personne pourrait dire « nos bureaux sont trop petits pour mettre un scanner », alors que votre observation a montré des bureaux plutôt grands, mais surencombrés.

Maintenant les chefs de projet entrent classiquement dans plusieurs erreurs.

La première erreur consiste à faire des réunions d'utilisateurs pour comprendre comment ils travaillent.

Cela n'est pas la bonne manière de faire. Vous n'aurez jamais de réponse fiable à la question « expliquez-moi votre manière de travailler », et ce pour plusieurs raisons.

La première raison tient en la nature même des réunions : en réunion, les gens parlent et décrivent des situations. Une situation décrite avec des mots prête à de multiples interprétations. Si vous avez le moindre doute là-dessus, faites la simple expérience suivante : prenez une feuille de papier et dessinez une forme faite de quelques figures géométriques, cercles, triangles et rectangles mélangés. Puis, demandez à quelqu'un de la redessiner, sachant que vous n'avez pas le droit de lui montrer votre dessin, mais simplement de le décrire avec des mots, puis examinez le résultat...

La seconde raison est que ce que l'on décrit est vu par le filtre de la personne qui parle. Mais voit-elle les bonnes choses ? Les comprend-elle correctement ? Il est possible que vos propres yeux voient des choses différentes, d'autres obstacles inattendus ou d'autres possibilités.

La troisième raison et la pire, c'est tout ce dont on ne parle pas. Car il y a beaucoup de choses dont on ne parle pas dans de telles réunions. On ne parle pas de ce dont on n'ose pas parler. On ne parle pas des choses que l'on présuppose que vous connaissez déjà. Et le pire, c'est qu'on ne parle quasiment pas de ce qu'on fait le plus souvent, car on a tendance à ne plus voir tout ce que l'on fait automatiquement, tellement c'est habituel. Or c'est souvent le plus important à comprendre.

Par conséquent, si vous basez votre raisonnement sur des conclusions de réunions décrivant comment on travaille, vous risquez de construire un système reposant sur des informations partiellement exactes et incomplètes.

Alors, quelle est la solution ?

L'observation du terrain

Vous devez aller sur le terrain voir comment les gens travaillent. Voir pour observer avec les yeux.

Vous découvrirez énormément de choses : comment les espaces sont-ils rangés ? Dans quelle séquence les gens font-ils les choses ? Qu'est-ce qui leur prend du temps ? Combien de temps prennent réellement les différentes actions ? Vous pourrez même découvrir des choses qui sont des facteurs clés de la réussite de votre projet.

Prenons un exemple réel.

Il s'agit d'une enseigne de luxe qui décide de demander à ses clients leurs coordonnées pour les mettre dans un CRM.

Rien de bien compliqué en soi.

Sauf que les caissiers et caissières étaient fermement opposés au projet, et que la situation commençait à devenir préoccupante.

> N'utilisez jamais les réunions pour découvrir comment les gens travaillent.

Nous avons passé deux jours en caisse, et avons vu des choses incroyables... parce qu'elles n'étaient jamais remontées en réunion :

Nous avons vu qu'une partie des équipes de caisse ne savait pas taper sur un clavier avec plus d'un doigt... Donc, imaginez le temps de saisir une fiche client.

Nous avons vu que le logiciel qui allait être mis en place poserait quelques soucis, car il fonctionnait avec une souris et que les espaces de caisse étaient très design et en verre. Pas facile pour mettre une souris.

Nous avons vu que les ordinateurs faisaient un « bip » chaque fois que l'on cliquait sur une touche du clavier, et que la vitesse et les erreurs de frappe seraient « entendues » par le client, si l'on ne supprimait pas la connexion du haut-parleur du PC qui faisait office de caisse.

Enfin, nous avons vu que de nombreuses célébrités et clients fidèles passaient en boutique, et avons réalisé que les caissiers et caissières ne voyaient pas comment demander son nom et ses coordonnées à une personne très importante, ou à un client fidèle dont on est censé se rappeler le nom.

Rien de tout cela n'avait été communiqué dans les réunions d'analyse.

Mais c'est cela qui était potentiellement un problème pour le projet.

En deux jours complets passés aux caisses de magasins, nous avions plus vu qu'en un mois d'analyse et de réunions.

En outre, cette visite a permis autre chose : de mesurer l'importance relative des choses, si les arguments des utilisateurs étaient fondés, si des solutions non informatiques étaient faciles à mettre en œuvre.

Après cela lorsqu'un utilisateur affirmait que telle opération serait difficile ou impossible, il devenait facile de voir si l'argument était vrai ou simplement supposé.

En d'autres termes, comprendre la culture existante en allant sur le terrain est clé.

Vous devriez passer le temps nécessaire sur place pour vous permettre d'observer et de comprendre en profondeur le terrain existant.

Visualisez aussi ce que vous allez mettre en œuvre, et tout ce que cela va demander pour que les choses se passent au mieux, et allez observer sur le terrain actuel comment les choses sont réellement faites.

Il nous est arrivé de passer 3 jours sur la route avec des commerciaux dans le cadre d'un changement de démarche commerciale, afin de comprendre le niveau réel de compétence des commerciaux, de voir le type de relation qu'ils avaient avec leur client, de comprendre comment une journée était occupée afin de comprendre en quoi vendre une nouvelle ligne de services allait changer leurs habitudes, et les difficultés éventuelles qu'ils auraient.

En résumé, ne remplacez jamais une observation du terrain par des interviews en réunion.

De telles réunions, qui ne vous donnent jamais une vue réelle de la situation, ont néanmoins une utilité : elles vous permettent de déterminer ce que vous devriez aller observer.

L'analyse des écarts

Une fois que la culture cible et le terrain existant ont été compris, il s'agit de recenser les écarts entre la situation existante et celles que l'on veut mettre en place, afin de dimensionner le projet au mieux.

Exactement comme l'on fait une analyse des écarts de fonctionnement entre un logiciel que l'on veut paramétrer et un mode de fonctionnement du terrain, vous devrez faire une analyse des écarts qui recense les changements d'habitude de travail que la mise en place du logiciel va entraîner.

Vous allez maintenant lister les habitudes, relations, comportements, compétences et modes de travail que les personnes vont devoir modifier pour que le changement entre réellement dans les mœurs.

Qu'est-ce que le nouveau mode de travail va changer comme compétences pour la main d'œuvre ? Quelles sont les méthodes de travail qui vont devoir évoluer ? Quelles seront les nouvelles mesures de performance dans notre nouvel environnement ? Qu'est-ce qui va changer dans le milieu environnant ? Quelles nouvelles matières doit-on travailler ? Quelles nouvelles machines vont être utilisées ? Qu'est-ce qui va devoir changer dans le mode de management ?

L'idée est d'éviter de faire des « impasses » en oubliant certains aspects du changement auxquels il faudra faire face.

Cette étape culture doit vous permettre de bien comprendre les tenants et les aboutissants de ce que vous allez mettre en œuvre, de comprendre le terrain tel qu'il est (pas tel que vous pensez qu'il est).

Tous ceux qui se sont pliés à cet exercice pourront en témoigner : ils ont découvert des difficultés inattendues et des opportunités insoupçonnées.

Ils ont mieux compris ce dont on leur parlait et sont devenus des interlocuteurs reconnus des équipes terrain.

Mes Notes

Comment leur faire percevoir notre projet ?

L'étape Perception

C ette étape s'intitule l'étape perception. C'est celle où l'on va officiellement annoncer le changement. C'est l'étape où chacun sait qu'il ne faut pas se rater.

Quand on dit que 80 % de la résistance au changement est créée par ceux qui pilotent le changement, cela commence dès cette étape.

Vous comprenez « tout le monde sait » qu'il faut bien s'y prendre, bien expliquer, donner du sens. Mais dans les faits, beaucoup de gens ratent cette étape. Résultat, au lieu de faire trois pas en avant, on part en arrière !

Le point clé est la qualité du message. Pour cela, vous devez savoir quoi communiquer et comment présenter votre message. Vous comprenez maintenant mieux un des avantages d'être allé voir le terrain vous-même : vous savez de quoi vous parlez, et vous connaissez le contexte dans lequel les gens travaillent.

> Si l'on rate l'étape perception, on recule de trois pas au lieu d'avancer de deux !

Mais avant d'aborder le contenu de cette étape, comprenons ce qui peut se passer au niveau d'une personne lorsqu'un changement est annoncé : certaines personnes n'écoutent pas vraiment ce qu'elles entendent ni ne regardent ce qu'on leur présente.

La raison en est : les a priori.

Imaginons que quelqu'un qui travaille dans une structure multinationale pense que tous les Américains sont trop superficiels. Que pensez-vous qu'il se passera si une directive provient du siège américain de l'entreprise ?

Il est probable que cette personne écoutera ce qu'on lui dit au travers du filtre qui dit que la solution est superficielle, que ce n'est pas vraiment important, etc.

C'est pourquoi, le premier obstacle que vous pouvez rencontrer, c'est une communication qui ne sera jamais réellement écoutée, même si le message communiqué est apparemment très clair.

Ce cas de figure nous est déjà arrivé : une multinationale avait son siège européen en Grande-Bretagne. La direction de la formation européenne, basée à Londres, avait décidé de nouveaux programmes de formation dont les durées ne correspondaient pas à ce que faisait habituellement le service formation de la filiale française.

Eh bien, le premier réflexe du directeur de la formation France a été « chez nous, ce n'est pas comme chez les Anglais, ça ne marchera jamais ! »

Vous voyez, une telle attitude empêche de regarder réellement ce qui est proposé.

Les gens peuvent donner l'impression d'écouter, mais sans écouter vraiment. Du coup, le message ne passe pas. Le plus terrible est que l'on pourrait penser avoir réellement informé les gens. En réalité, on a émis une communication qui a été bloquée par les a priori des personnes qui devaient recevoir la communication.

Tout l'enjeu consiste donc à savoir comment présenter un changement pour qu'il soit accepté. C'est ce que nous allons détailler ici.

Notre objectif lors de cette étape perception est d'annoncer un changement, et de le faire de telle manière que les personnes impliquées cherchent honnêtement à le comprendre, sans a priori. Il faut le faire de telle manière qu'elles se sentent en outre concernées et soient intéressées.

Communiquez efficacement

Ceci explique pourquoi l'enjeu de cette étape est de communiquer correctement le changement.

Maintenant, tout l'enjeu est de communiquer des choses qui parleront aux gens.

Et là, il y a une erreur qui est faite par la majorité de ceux qui présentent un projet, qu'il s'agisse d'une direction générale ou de toute autre personne.

Souvent, ayant muri depuis longtemps leur projet, ils parlent de ce qui va être mis en place, et combien cela va être beau, fantastique ou combien cela va résoudre les problèmes !

Eh bien, si vous espérez emporter les foules avec cela, vous devrez avoir un charisme exceptionnel.

Vous présentez une solution magique et fantastique à des personnes qui n'ont pas complètement conscience du problème.

Vous devez être capable de mettre les gens d'accord sur un problème avant de les mettre d'accord sur une solution.

Essayez de convaincre un enfant de se coucher tôt, ou de faire ses devoirs. Se coucher tôt ou faire ses devoirs est une solution à un problème : celui de la fatigue du lendemain, ou celui de l'apprentissage.

Mais l'enfant est-il conscient de l'existence du problème ? Tant qu'il ne le sera pas, votre discours ne portera pas. Les punitions peut-être, mais le discours, certainement pas.

Pour cela, il y a plusieurs manières de faire, et c'est ce que nous enseignons dans nos formations.

Un discours qui met les gens d'accord sur un problème les met en même temps dans un mode de pensée qui leur fait se demander comment résoudre ce problème.

Par ailleurs, il est possible que des gens soient déjà au courant du projet et partiellement hostiles au projet.

Ignorer cela est risqué. Si l'hostilité est basée sur quelques individus isolés, on pourra s'occuper du problème plus tard. Si c'est un sentiment généralisé, il faudra mettre les pieds dans le plat, sinon il y a fort à parier que tous les messages soient entendus à travers du prisme de l'hostilité au projet.

Souvent, l'hostilité est basée sur de l'incompréhension. Il vous faut la repérer. C'est bien plus facile si vous êtes allé sur le terrain lors de l'étape précédente, car vous avez pu en profiter pour parler avec les équipes et comprendre leurs peurs ou leurs soucis.

Illustrons tout cela à nouveau par un cas réel d'entreprise.

Un client fait appel à nous parce qu'un changement annoncé n'est pas du tout accepté. Il s'agit de la mise en place d'un CRM[1] au sein d'une organisation commerciale composée essentiellement d'indépendants qui vendent de l'espace publicitaire.

Les commerciaux sont au courant du projet, et ils refusent quasiment tous le changement. Nous sommes donc dans la situation classique de la résistance au changement. La raison réelle du besoin d'un nouvel outil de CRM est que chaque indépendant utilise ses propres outils, et qu'il est donc très difficile d'avoir une vision claire de la prévision des ventes au niveau global pour l'entreprise.

Nous avons étudié le terrain et avons recueilli les a priori des gens. Le point bloquant partagé par la majorité était que « la direction veut se récupérer nos fichiers client qui nous appartiennent », ce qui était évidemment totalement faux.

Etant donné qu'il n'y avait pas eu de communication « officielle » de projet, nous avons préparé le plan suivant pour le directeur commercial. Le voici, pour que vous compreniez la séquence du discours :

> *Notre société a une activité commerciale qui fonctionne correctement, mais la direction*

---

[1] Un CRM ou Customer Relationship Management est un logiciel permettant d'entrer toutes les informations au sujet d'un client et des échanges entre celui-ci et l'entreprise.

commerciale a du mal à avoir des prévisions de vente fiables. Si l'on n'a pas de visibilité commerciale régulière, la direction commerciale et la direction générale sont « aveugles » et peuvent prendre des décisions mal évaluées.

Tant que l'activité est régulière, cela ne pose pas de problèmes. Mais dans un environnement de plus en plus concurrentiel et de plus en plus instable, il faut être capable d'avoir la meilleure visibilité possible pour piloter au plus juste.

Chacun d'entre vous utilise des outils différents, et envoie un rapport mensuel qu'il doit faire manuellement, ce qui lui prend du temps, demande de tout compiler, et ne peut par conséquent pas être fait plus qu'une fois par mois. Or il nous faut un système de remontées d'activité commerciale au maximum à la semaine.

Nous voulons donc mettre en place un système informatique adapté et utilisé par tous qui permet à la direction comme aux commerciaux de mieux suivre les ventes.

C'est notre projet de CRM et voici ce qu'il nous permettra de faire, en tant qu'entreprise, et ce qu'il vous permettra de faire, à chacun d'entre vous (démonstration).

Je sais que certains craignent que la direction utilise ce prétexte pour récupérer votre fichier client. Mais pour ceux qui le craignent, réalisez que cela fait des années que nous connaissons les coordonnées de vos clients : nous les facturons déjà.

Pour conclure, pour nous assurer de ne pas nous tromper sur le paramétrage de l'outil nous passerons vous voir afin de comprendre ce dont vous avez besoin pour que l'outil puisse être une vraie aide et un vrai support à votre travail.

Remarquez que nous avons rajouté l'argument qui démontrait que la direction ne cherchait pas à récupérer les fichiers client de ses commerciaux.

Il fallait un argument-choc, évident, contre lequel aucun contre argument ne pourrait tenir. Dire simplement que la direction « ne cherche pas à récupérer les fichiers clients » est non seulement inutile, mais dommageable. Cela ne démontre en rien qu'elle ne le veut pas, et installe l'idée que cela pourrait être le cas.

Le contre argument qui a été trouvé était simple : la direction a depuis des années votre fichier client dans sa base de données de facturation. Ceci a tué dans l'œuf l'idée selon laquelle la direction cherchait à récupérer le fichier client par le biais d'un CRM !

Toute cette communication peut être faite lors d'un kick off, en une seule présentation, comme elle peut être distillée progressivement. Cela dépend du contexte, du nombre de personnes, de la structure géographique de l'entreprise, et de l'urgence du changement.

Il faut prendre la précaution suivante pour cette annonce : elle doit être communiquée par une personne crédible et légitime pour un tel discours.

Ce n'est pas nécessairement le haut de l'organigramme.

Nous avons par exemple eu le cas d'un PDG qui était le dixième PDG en dix ans dans la société. Pensez-vous qu'il soit le meilleur pour faire passer un message ? Evidemment non, il faudra d'abord qu'il fasse ses preuves avant de pouvoir être écouté avec attention.

Pour conclure, voici une manière de reconnaître les personnes qui ont passé l'étape perception : elles ont généralement l'attitude qui consiste à chercher à comprendre l'impact du changement dans leur vie quotidienne, alors que celles qui n'ont pas passé cette étape ont habituellement une autre attitude basée sur l'a priori du type « ici ça ne marchera jamais ».

Préparez l'encadrement

Il y a un autre point clé à faire lors de cette étape : c'est préparer l'encadrement intermédiaire à prendre son rôle d'encadrement du changement.

Vous ne ferez pas passer un changement si vous n'avez pas vendu votre projet à votre management intermédiaire.

Pourquoi ? Simplement parce que la majorité des questions

des collaborateurs vont aller vers leur n+1. Si le n+1 ne sait pas quoi répondre, à votre avis, que va-t-il répondre ? Dans 9 cas sur 10 ce sera de faire comme avant ! Tout encadrement, lorsqu'il ne sait pas quoi répondre, va instinctivement pousser ses équipes à continuer à faire ce qui a marché dans le passé, et donc à ne rien changer.

Les règles d'or avec l'encadrement sont au nombre de trois :

1. L'encadrement doit savoir les choses avant ses collaborateurs.

2. L'encadrement doit en savoir un peu plus que ses collaborateurs (comme cela, il pourra donner un peu plus d'information et gardera son leadership sur ses équipes.)

3. Les questions et craintes de l'encadrement doivent avoir été résolues avant l'annonce générale.

Vous faites évidemment cela avant de faire votre présentation générale à tout le personnel concerné par le changement.

En résumé :

Si l'étape perception est bien faite, votre message sera bien passé, et vous aurez probablement emporté l'adhésion de la majorité.

> La répétition est un outil de management.

S'il est bien passé, mais que vous n'avez pas la majorité qui vous suit, répétez simplement le message. Cela peut être via des vidéos si le kick off a été enregistré, via le journal d'entreprise, via une communication papier complémentaire, peu importe… du moment que vous répétez encore et encore le message jusqu'à emporter la majorité.

Est-ce que le combat du changement est gagné ? Vous avez gagné votre première bataille, mais pas la guerre.

A l'issue de cette étape, vos collaborateurs ont plus ou moins compris le changement, et ont maintenant certainement un grand nombre de questions. Ils vont vouloir comprendre ce que cela va changer pour eux, et ce que tout ceci va vouloir dire dans leur quotidien. Ils vont chercher à comprendre l'implication des nouvelles informations.

Si l'on n'y répond pas ou si l'on y répond mal, on peut recréer de la résistance. Il faut donc passer à l'étape suivante qui porte le nom tout à fait approprié de « mode de pensée ».

Mes Notes

Détendez-vous !

Il s'agit de penser autrement...

L'étape Mode de Pensée

N ous sommes entrés dans une nouvelle phase, qui commence après l'annonce du changement et se termine dans le cas d'un projet informatique, au moment du « go live ».

Cette phase, dans PROCMP©, s'intitule mode de pensée, car elle consiste essentiellement à familiariser les collaborateurs avec la nouvelle manière de penser, d'envisager les choses.

Vous vous rappelez : nos actions sont déterminées par notre manière de voir les choses. Si vous n'en êtes pas totalement convaincu, regardez vos propres réactions, dans deux contextes différents. Que voyez-vous de la rue lorsque vous êtes piéton et que vous devez traverser une grande artère ? Que voyez-vous de la même rue lorsque vous conduisez ? Avez-vous le même comportement ? Vous avez deux points de vue différents qui vont entraîner deux modes de pensée.

Il faut mettre vos collaborateurs dans le bon mode de pensée.

Prenons un exemple réel pour illustrer cela :

Un de nos clients a décidé d'offrir des tablettes à ses commerciaux sur le terrain, tablettes reliées au fichier client et aux stocks de l'entreprise par réseau 3G.

Ce changement transforme la manière d'envisager la relation client : le commercial peut maintenant disposer de l'état des stocks en temps réel et son processus de vente peut donc être pensé différemment.

Un logiciel modifie la manière de faire et la manière de voir les choses.

Donc le jeu ici est de mettre vos équipes dans le bon état d'esprit en répondant aux questions et en résolvant les problèmes que le nouveau système risque de générer.

Utilisez les ateliers

Si l'on pouvait illustrer un changement par une grande machine, les grains de sable qui risqueraient de la gripper seraient tous les petits problèmes non résolus. Ne dit-on pas que le diable est dans les détails ? Eh bien, dans le management du changement, c'est particulièrement vrai.

Il va falloir résoudre toutes les questions, tous les détails, toutes les déclinaisons locales du changement, tout ce qui n'a pas encore été décidé ou résolu.

En tant que manager du changement comment s'y prendre ?

Une excellente manière est de le faire sous forme d'ateliers ou workshops. C'est une réunion dont la durée est prédéterminée et dans laquelle on travaille à résoudre un problème précis ; l'objectif est d'avoir amené la solution à la fin de l'atelier. On ne papillonne pas de sujet en sujet, de discussion en discussion. On prend un problème et on le résout.

Listez tout ce qui reste à résoudre pour mettre en place le changement dans votre zone de responsabilité. Si vous avez suffisamment bien examiné le terrain lors de l'étape culture, cela devrait être assez simple.

Si cela ne l'est pas, il est peut-être temps de repasser observer le terrain.

Nous n'allons pas ici vous expliquer comment organiser et animer des ateliers utilisateurs, ce qui nous prendrait trop de temps. Sachez par contre que vous devez vous assurer que les participants trouvent eux-mêmes la solution aux problèmes rencontrés. Car une fois ceci fait, ils deviendront vos meilleurs moteurs de changement.

Assurez-vous de bien mettre en place l'ensemble des ateliers nécessaires pour résoudre ce qui doit l'être.

Si vous avez besoin d'aide sur la manière de les mettre en place, contactez notre société Key Partners qui pourra vous aider dans cette démarche.

Pour vous donner un exemple réel, voici ce qui était arrivé lors d'une analyse informatique pour laquelle il fallait prendre des décisions ; il s'agissait d'un projet qui se passait mal et dont nous avions hérité afin de le remettre sur les rails.

La situation était la suivante : un chef de projet travaillait avec 30 représentants d'utilisateurs pour finaliser un portail pour une profession. Chacun des 30 représentants avait des demandes précises, pas toujours compatibles ou cohérentes entre elles, et le chef de projet essayait de

> Donnez les problèmes aux équipes et demandez-leur de trouver eux-mêmes une solution

résoudre le problème en créant un système qui faisait une moyenne des demandes. Evidemment, cela aboutissait constamment à 30 mécontents et un projet qui faisait du sur place depuis un an.

Evidemment, c'était un combat perdu d'avance.

Voici la manière dont nous nous y sommes pris.

Le matin a consisté à faire un bilan du projet, et faire tomber tout le monde d'accord sur le fait qu'il y avait quatre sujets sur lesquels il fallait faire des choix clairs pour avancer, ce qui n'a pas été compliqué.

Ensuite, tout le monde est facilement tombé d'accord que ce n'était pas au chef de projet de décider quoi faire, mais aux représentants des utilisateurs, c'est-à-dire eux-mêmes.

Une fois cet accord obtenu, au lieu d'essayer de résoudre le problème nous-mêmes, nous les avons divisés en quatre sous-groupes, chaque sous-groupe ayant la mission de proposer une solution commune sur un des sujets.

Ils ont ainsi travaillé ensemble dans quatre ateliers. Eh bien, croyez-le ou non, mais en un après-midi, ils avaient résolu ce qui avait traîné depuis un an.

La leçon en est la suivante : les personnes étaient en désaccord, car leurs demandes semblaient ne jamais être prises en compte. Le travail en atelier leur a permis de donner leur solution, et ils furent tous des ambassadeurs parfaits du projet par la suite.

Continuez la communication autour du projet

Durant cette phase de préparation au changement, il est important que vous continuiez à communiquer.

Certaines personnes sont au courant de l'avancée du projet de changement. Ce sont toutes celles qui préparent ce projet. Mais il reste tous ceux qui vont être touchés d'une manière ou d'une autre par ce changement.

Si vous ne communiquez pas, vous donnerez l'impression d'avoir lancé un projet... et que l'intérêt du projet est descendu comme un soufflé qui tombe.

Vous devez communiquer. La communication doit être rythmée. Elle peut être hebdomadaire, bimensuelle ou mensuelle, tout dépend de la durée de cette phase préparatoire, mais elle doit être régulière. Le rythme montre la persistance.

Elle doit aussi dire la vérité, être honnête. Si vous ne savez pas quoi communiquer, communiquez au minimum où vous en êtes, ce qui a été fait et ce qui reste à faire pour démarrer le projet. Cela confirmera l'intérêt porté au projet et montrera que vous prenez soin des personnes concernées.

Préparez correctement la formation

Une grande partie des changements que nous mettons en place demande de la formation.

La formation est rarement oubliée lorsque l'on déploie des outils, ou du moins la partie technique de la formation est rarement oubliée.

Mais savez-vous que vous devez vous assurer que la formation aborde trois aspects clés ?

Une **formation aux nouveaux outils**. Ça, c'est évident.

Une **formation aux nouveaux processus**, ce qui est rarement fait, et qui est pourtant extrêmement efficace. Cela joue aussi un rôle clé dans l'adoption des nouveaux processus. La majorité des organisations ont pourtant plutôt tendance à informer et décrire un nouveau processus que de former effectivement les collaborateurs à un processus.

Le résultat ? Des personnes qui avec le temps ont oublié le processus, ne comprennent pas pourquoi ils doivent remplir ou valider tel formulaire ou tel écran, et plus grave, ne réalisent pas l'utilité réelle de ce qu'ils remplissent. Cela conduit à des formulaires bâclés et des collaborateurs qui se sentent être des pions dans la grande machine administrative.

75

Or former à un processus peut être simple et rapide : on simule toutes les étapes du processus lors de la formation, afin que chacun comprenne ce qu'il doit faire et ce que les autres font. Cela donne du sens au processus, et montre l'utilité du travail de chacun.

Former à un processus donne un retour sur investissement sans commune mesure avec le temps passé, parce que chacun comprend son rôle et son impact vis-à-vis des autres, et prend par conséquent plus de soin à bien faire ce qu'il est censé faire.

Si vos collaborateurs ne comprennent pas vraiment bien pourquoi on leur demande de faire telle ou telle action, ou ne prennent pas réellement soin de la qualité des informations qu'ils saisissent, posez-vous donc la question : ont-ils été formés aux processus sur lesquels ils doivent travailler ?

Une **formation aux nouveaux rôles que vos collaborateurs** devront tenir.

Par exemple, nous avons abordé l'exemple des caisses de magasins où nous voulions capturer l'information client. Simple, n'est-ce pas ? Mais comment faites-vous pour demander son nom à une personne pressée ? Ou à une personne qui semble être une cliente fidèle et dont vous devriez connaître le nom ? Ou encore à une célébrité « que tout le monde connaît » ?

Vous pouvez mettre un nouveau processus de prise de coordonnées en caisse, mais tant que vous n'aurez pas expliqué quelle est la bonne question à poser pour obtenir les informations désirées sans vexer personne quelle que soit la circonstance, et tant que vous n'aurez pas ensuite entraîné le personnel de caisse à le faire jusqu'à ce que cela devienne naturel, n'espérez pas avoir beaucoup de fiches client remplies.

Vous voyez, si vous omettez la formation aux processus et aux rôles, vous risquez d'obtenir une apparence de résistance au changement par la suite.

Le bon côté de cela, c'est qu'une formation correcte à un processus est rarement longue. Une demi-heure est souvent le temps maximum nécessaire pour que quelqu'un comprenne réellement un processus et sache réellement ce qu'on attend de lui. Une formation à de nouveaux rôles peut être plus longue, car cela peut demander de casser des automatismes et prendre de nouvelles habitudes.

Dernier point concernant la formation : n'acceptez pas que l'encadrement ne se forme pas lui-même. Pourtant, bien souvent ils n'ont officiellement, « pas le temps » ou « ils n'utiliseront pas le système » ou « ce sont des cadres ». Bref, vous connaissez probablement beaucoup de bonnes excuses.

Maintenant, réalisez que lorsqu'une personne ne sait pas quoi faire... elle se retourne le plus souvent vers son supérieur.

C'est pourquoi la majorité des questions ultérieures de leurs collaborateurs vont leur être posées.

Là aussi, il faut qu'ils comprennent ce qui doit être fait pour qu'ils répondent correctement à leurs équipes.

> N'acceptez pas que l'encadrement ne soit pas formé

Sinon… eux aussi vont donner une apparence d'inertie et de résistance… parce qu'ils ne sauront pas quoi répondre à leurs équipes.

Il y a autre chose qui peut se passer lorsque le projet commence à prendre forme : cela peut arriver à cette étape, plus tôt dans le projet ou plus tard : certains peuvent être en désaccord avec le projet, et ce désaccord peut devoir être résolu, spécialement si ces personnes ont une certaine influence.

Dans ce cas, il faut être capable d'argumenter en souplesse pour éviter de se retrouver dans une situation dans laquelle chacun campe sur ses positions, simplement pour ne pas avoir tort.

Si vous ne savez pas gérer ce genre de situation, vous risquez de vous retrouver dans des discussions émotionnelles sans issue.

Hélas, nous n'avons pas le loisir d'expliquer les différentes techniques permettant de désamorcer ce genre de situation dans ce livre ; cela dépasse le cadre de cet ouvrage.

Mais comme de telles situations existent, il faut savoir comment s'atteler à résoudre certains désaccords sans quoi la situation pourrait s'envenimer.

C'est pourquoi vous trouverez un autre bonus sous forme d'une vidéo qui vous explique une manière de résoudre ce genre de situation.

Pour cela, rendez-vous simplement sur notre site www.detendezvous-lelivre.com et allez dans la partie « recevez vos cadeaux », et entrez le mot de passe « procmp » pour la consulter.

Maintenant, admettons que tout ait parfaitement été fait jusqu'à présent : nous avons présenté le projet correctement et avons bien embarqué l'encadrement intermédiaire. Les détails qui pourraient empêcher le démarrage ont été résolus. La formation aussi bien technique que processus ou rôles a été correctement faite, et l'encadrement en a aussi bénéficié.

Tout est-il désormais gagné ?

Pas encore, car dès que le système aura démarré, on va se retrouver dans la vraie vie, et la vraie vie n'est pas le monde douillet de la formation. Il va y avoir de l'imprévu, de l'inconnu. Tout ce qui avait été soigneusement prévu ne va pas se dérouler exactement comme on avait espéré. Bref, la vie !

C'est pourquoi vous devez encore passer la prochaine étape, Comportement.

Mes Notes

Un nouveau comportement, ça se travaille

L'étape Comportement

Cette nouvelle étape, comportement, démarre le jour ou le changement démarre. Dans le cas d'une application informatique, c'est quand le nouveau logiciel est opérationnel.

Cela nous fait passer du monde de la préparation et de la formation au monde réel.

Il va y avoir des obstacles non prévus, c'est toujours comme cela. Aussi bien préparé que l'on soit, il reste toujours de l'imprévu. Il va donc falloir aider les collaborateurs à passer cette nouvelle difficulté.

C'est un moment critique pour plusieurs raisons :

Parfois, on ne s'est pas bien préparé et les collaborateurs impliqués ont une charge de travail importante de travail à absorber, ce qui les rend peu disponibles le jour du démarrage.

Il arrive que des dysfonctionnements techniques prennent toute l'attention du chef de projet qui devient très peu disponible pour aider les utilisateurs.

Souvent aussi, les éventuelles questions ont tendance à monter la ligne hiérarchique... Or l'encadrement intermédiaire est souvent aussi perdu, voire plus perdu que ses utilisateurs.

> Aussi bien préparé que l'on soit, il reste toujours de l'imprévu.

C'est enfin à ce moment-là que l'on va se heurter au poids des habitudes du passé et qu'il faudra mettre de l'énergie pour changer les habitudes.

Ainsi, la personne qui démarre a un double travail : casser ses propres habitudes tout en apprenant de nouveaux modes de travail et subir les problèmes de démarrage.

Cette étape comportement est par conséquent très importante. Elle est même vitale lorsque la mise en place de ces nouveaux modes de travail ne peut s'appuyer que sur la bonne volonté des personnes concernées.

Par exemple, vous pouvez toujours demander un compte rendu de visite à un commercial. Mais si vous voulez que le compte rendu soit rempli avec soin, vous ne pouvez pas le faire sans la bonne volonté du commercial. Et cette bonne volonté peut s'estomper lorsque certains obstacles apparaissent, tels que :

- Les habitudes du passé : typiquement, demander à un caissier des coordonnées client alors que cela fait 3 ans que l'on est caissier et que l'on a pris certaines habitudes risque d'être difficile au début… et si l'on ne commence pas tout de suite à se forcer à prendre de nouvelles habitudes les anciennes risquent de rester.

- La difficulté d'appliquer ce que l'on a appris : imaginons un service client qui doit maintenant prendre en charge toutes les plaintes concernant la qualité de service et pas uniquement la qualité du produit. Les personnes en charge pourraient se trouver dans le cas où elles ne savent pas quoi répondre à toutes les questions reçues.

- Un environnement inadapté : si des commerciaux doivent remplir un compte rendu après chaque visite client, et qu'ils n'ont, soit pas de temps, soit pas d'espace leur permettant cela, vous aurez des problèmes.

C'est pourquoi l'étape comportement est clé.

Donc, qu'allez-vous entreprendre à cette étape ?

Rendez l'environnement cohérent

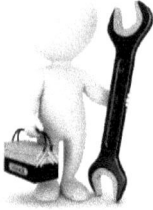

Comme nous venons de le voir, l'environnement physique joue un rôle. Bien que ce ne soit pas toujours visible, notre comportement est induit par l'environnement physique, que ce soit positivement ou négativement. Par conséquent, des actions sur l'environnement physique vont jouer sur nos comportements.

Regardons cela d'un peu plus près : vous avez un grand espace vierge dans un espace urbain. Des gens vont venir se garer dessus, probablement un peu n'importe comment. Dessinez des emplacements de parking à la peinture blanche et tout le monde commencera à se garer de manière organisée.

Les poubelles de couleur poussent au tri sélectif. Les distributeurs de prospectus donnent envie aux clients de prendre des prospectus.

Vous arrivez dans une cuisine parfaitement propre et organisée. Vous allez avoir tendance à laisser l'endroit propre. A contrario, vous arrivez dans un bureau en désordre, avec les manteaux posés sur les chaises et les bureaux, sans portemanteaux, et il est probable que vous allez laisser vos propres affaires en désordre dans la zone.

Préparez donc l'environnement en regardant ce qu'il faudrait ajouter ou enlever pour inciter les collaborateurs à mettre en œuvre le changement : aménagement d'espaces, formulaires, affiches, tableau d'horaires, nouvelle peinture, changement de mobilier, vidage d'encombrants, etc. Le changement doit se voir dans l'environnement physique, cela aidera les gens à changer leurs habitudes.

Commencez par des pilotes

Un pilote est une mise en œuvre sur une zone réduite que l'on suivra spécifiquement afin de voir si les changements produisent les résultats escomptés.

Si vous pouvez ne pas tout lancer d'un coup, commencez par faire un pilote, il y a de grandes chances que vous puissiez encore observer des choses restant à corriger.

Vous allez tirer profit de cette expérience terrain réelle et ajuster ce qui doit encore l'être.

Cela vous donnera aussi une expérience des effets du changement dans la vraie vie, et vous pourrez vous en servir pour le démarrage du reste de l'activité. Vous aurez une meilleure estimation des efforts réellement demandés et du temps que les choses prennent réellement pour changer.

Coachez les équipes

La phase de démarrage est toujours sensible. Votre attitude doit être celle d'un coach vis-à-vis de vos collaborateurs directs, et eux-mêmes doivent avoir la même attitude vis-à-vis de leurs collaborateurs.

Ce n'est pas encore le moment de mettre de la discipline. Nous cherchons évidemment à inciter tout le monde à adopter de nouveaux comportements. C'est ce qu'il faut faire. Par contre, s'il vous plaît, ne commencez pas à frapper ceux qui ne les suivent pas. Etes-vous réellement certain qu'il s'agit juste d'un problème de discipline et non pas d'un problème de compétences ? Vos collaborateurs ne sont-ils pas entrés dans une difficulté qu'ils ne savent pas résoudre ? Et si la difficulté provenait du fait que vous n'avez pas prévu un cas de figure… et que personne ne sait résoudre ? Bref, est-ce que la discipline est la solution ?

> Toute nouveauté demande à être apprise, et fait passer celui qui apprend dans des zones difficiles qui réclament plus d'efforts.

Mettre de la discipline punitive au démarrage est une erreur dont vous pourriez faire les frais.

Donc, s'il ne faut pas mettre de la discipline immédiatement, cela veut-il dire qu'il faut laisser faire à leur propre rythme et comme ils veulent le faire ? Absolument pas.

Faites que les personnes mettent en œuvre le changement. Et pour ceux qui ne le font pas, allez les voir et cherchez à trouver la véritable difficulté qu'ils rencontrent. Ensuite, aidez-les à passer cette zone de difficulté.

Adoptez plutôt l'attitude d'un coach ou d'un moniteur de sport vis-à-vis de vos équipes, et aidez-les à passer la zone de difficulté qu'est le changement d'habitude.

Cette attitude, qui consiste à prendre soin des autres, est trop rare de nos jours. Pourtant elle crée en retour de la bonne volonté et de la confiance. Toute nouveauté demande à être apprise, et fait passer celui qui apprend dans des zones difficiles qui réclament plus d'efforts.

Lorsqu'on apprend à faire du vélo, on tombe plusieurs fois avant de réussir. Imaginez que vous frappiez un enfant qui apprend à faire du vélo chaque fois qu'il tombe. Est-ce que cela l'aiderait ? En feriez-vous un ami ou un ennemi ? Faites de même avec vos collaborateurs !

Continuez à communiquer

La communication autour du changement ne s'arrête pas au moment où le changement démarre. Elle va encore continuer jusqu'à ce que le changement se soit installé et devienne le mode de fonctionnement habituel.

Cette communication est clé dans le cas où le changement ne démarre pas partout en même temps. Comme dans le cas d'un projet informatique qui démarre région par région : tous ceux qui n'ont pas encore démarré veulent savoir comment cela se passe, et vous devez occuper le terrain de la communication.

L'erreur classique arrive lorsque le démarrage ne se passe pas aussi bien que prévu : comme nous l'avons déjà écrit, la vraie vie est toujours un peu différente de ce qui avait été envisagé, et l'on sait qu'il y aura des ajustements, des éléments qui se passeront plus ou moins aisément. Or lorsque cela ne se passe pas trop bien, personne n'aime communiquer. Grave erreur.

En fait, après tout démarrage, toutes les personnes qui sont les prochaines sur la liste veulent savoir comment les choses se sont passées, et le téléphone a déjà sonné partout ; toutes les mauvaises nouvelles sont non seulement déjà connues, mais aussi probablement amplifiées et relayées dans toute l'entreprise.

Vous taire à ce moment-là ne ferait que donner raison aux rumeurs et aux bruits de couloir. Moins vous communiquez, plus vous laissez la place libre à d'autres de le faire à votre place ; et ils ne sont pas toujours armés des meilleures intentions.

Donc, communiquez !

Cette phase, comportement, est habituellement courte. Son objectif est de permettre de prendre dès le début les bonnes habitudes.

Quelqu'un a passé cette étape lorsqu'il s'est rendu compte qu'il lui était possible de faire ce qui lui était demandé. Il n'est évidemment pas encore expérimenté, et fait probablement difficilement les choses qu'il ne maîtrise pas encore, néanmoins, il peut y arriver et le sait. Il est prêt pour la prochaine étape.

Pourquoi encore une étape ? Simplement parce que même si ceci est bien fait, même si la partie est presque gagnée, des retours arrière sont encore possibles : beaucoup a été fait, mais ce n'est pas terminé. En effet, les nouveaux comportements n'étant pas encore transformés en habitudes, le changement est fragile. Il suffirait que celui qui impulse le changement parte pour que l'ensemble retombe comme un soufflé. D'où la prochaine étape...

Mes Notes

Des habitudes qui prennent racine

L'étape Habitude

Bien, en tant que chef de projet, votre projet tire à sa fin... sauf que vous risquez de devoir rester longtemps, longtemps le responsable du projet.

Si vous avez fait correctement votre projet technique, c'est parfait. S'il est documenté, un autre va pouvoir prendre le relai. Si la hot line est prête, vous pouvez presque prendre un nouveau projet.

Sauf que... il reste vos utilisateurs.

Il va falloir que le nouveau système devienne une habitude pour eux, sinon vous allez devoir rester à vous occuper du terrain (vous, ou votre responsable management du changement).

Par conséquent, l'objectif de cette étape est de transformer les nouveaux comportements en nouvelles habitudes, ce qui permettra de quitter le mode projet, et de s'assurer que ce qui a été établi reste pour de bon.

Là encore, nous y arriverons si nous effectuons certaines actions.

Stabilisez la situation

La première règle ici consiste à stabiliser la situation et éviter de changer à nouveau ce que l'on vient de mettre en place.

Souvent, l'informatique rencontre ce problème : on lance un nouvel outil, et juste après le lancement, des demandes de modifications arrivent et l'on essaye de les mettre en œuvre « pour rendre service aux utilisateurs ».

C'est une mauvaise idée.

Tout d'abord, parce que les idées qui apparaissent ne sont pas basées sur une expérience réelle, mais sur une première impression. Il est probable qu'après quelques semaines ou mois d'utilisation les demandes d'évolution seront totalement différentes.

Ensuite parce que cela donne une impression d'absence de stabilité. Si vous changez tout le temps, vous donnez l'impression de ne jamais arriver nulle part.

Vous aviez annoncé un changement. Il faut maintenant faire réaliser que le but a été atteint. Cela donnera un sentiment de victoire et de travail bien fait à tous. Cela montrera à tous que vous avez de la persistance. Cela confortera votre image et facilitera vos prochains projets de changement.

Il existe cependant une exception au fait de ne rien changer : tout ce qui ne fonctionne pas bien (malgré le pilote de la phase comportement) doit être amélioré et corrigé jusqu'à obtenir un fonctionnement correct. Corriger un dysfonctionnement ne revient pas à créer un nouveau changement.

C'est lors de cette étape que vous devez vous assurer que tout le monde est maintenant en train de faire ce qu'il est censé faire dans le nouveau cadre de référence.

Il faut maintenant mettre de la discipline ; celle-ci sera d'autant plus facilement acceptée que les personnes concernées ont passé l'étape comportement, et donc qu'elles savent que le nouveau dispositif fonctionne… puisqu'elles ont été capables d'opérer dans ce contexte.

Par contre, le poids des habitudes antérieures existe toujours. Il va falloir se forcer à rendre le nouveau comportement habituel, et ceci se fait grâce à la discipline. Celle que l'on s'impose à soi-même comme celle que l'organisation impose à l'individu.

Une autre action doit être entreprise : organiser la pérennité du changement. A un moment, le projet ne sera plus un projet, et il va devoir devenir le mode opératoire courant. Toutes les personnes ayant été mobilisées pour rendre ce projet possible vont retourner à leurs opérations courantes ou partir sur de nouveaux projets.

Un chef de projet qui ne fait pas ce qui suit risque de se retrouver piégé à faire la maintenance de son projet pendant des années.

Vous allez devoir organiser un dispositif qui va maintenir en place ce changement, et vous permettre de vous dégager progressivement du projet. Ceci se fait de la manière suivante :

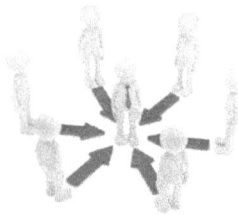

Tout d'abord, assurez-vous qu'il reste une personne « référent » qui puisse répondre aux questions concernant le nouveau dispositif, qui sache comment on fonctionnait avant, comment l'on fonctionne désormais et puisse répondre aux diverses questions. Il doit être capable de dire quoi faire en cas de doute, et d'éviter les retours en arrière, etc. Il devra rester jusqu'à ce que les nouvelles habitudes deviennent une culture.

Des indicateurs pour réagir

Ensuite, et c'est probablement le point qui assurera le mieux la pérennité du changement, mettez en place des indicateurs visuels dont l'objectif est de s'assurer que les habitudes restent.

Les indicateurs permettent de travailler d'après des données réelles, et non pas sur de simples impressions.

Le fait qu'ils soient visuels (à la vue de tous) permet l'auto correction. Il existe tout un art consistant à créer de bons indicateurs, et nous pourrions probablement écrire un livre complet là-dessus, mais ce n'est pas l'objectif ici. Trouvez seulement des points de mesure faciles à obtenir qui montrent que le changement prend et reste.

Par exemple, dans le cas des personnes en caisse, quel a été l'indicateur choisi ? Chaque mois, nous faisions parvenir à la direction de chaque magasin un tableau indiquant le pourcentage de tickets de caisse pour lesquels nous avions les coordonnées client. La liste des magasins était triée avec les meilleurs magasins en haut, et les plus mauvais en bas. Pas d'autre chose. Pas de message. Juste l'indicateur.

Quand un magasin avait un taux de remplissage d'un ou deux points de moins que le meilleur, cela pouvait toujours provenir du fait que plus ou moins de clients acceptaient de laisser leurs coordonnées. Mais quand on était à 10 points de moins, le directeur de magasin savait que cela ne venait pas des clients, mais de ses équipes... et cela le faisait agir de son propre déterminisme. Personne n'aime être en bas de liste, spécialement lorsque cette information est publique et affichée dans les bureaux de tous les magasins de l'enseigne.

La troisième action permettant de garantir la pérennité est une action ponctuelle d'audit. Tous les x mois, organisez un audit pour vous assurer que le système est correctement utilisé, et gardez cette action dans l'étape ultérieure, culture finale. Cela montre que l'intérêt n'est pas tombé comme un soufflé une fois le changement démarré et que vous ou votre direction êtes toujours désireux que le système fonctionne et reste en place.

Si vous mettez tout ceci en place, l'ensemble tiendra dans la durée, ce qui est notre objectif.

Permettez à l'encadrement de tenir son rôle

L'encadrement a été votre courroie de transmission. L'encadrement a tout fait pour que ses équipes adoptent le changement. C'est à lui d'être aidé en retour. Car il arrive souvent que l'encadrement ait aussi besoin d'aide.

L'erreur serait de ne pas le faire.

Le nouveau mode de fonctionnement a probablement changé des choses qui impactent son action d'encadrement.

Vous devrez vous assurer que tout ce qui peut bloquer l'encadrement est maintenant résolu. L'encadrement a besoin d'un support à son tour. Sans quoi il risque de stresser les autres au lieu de jouer son rôle.

Remarquez l'action vis-à-vis de l'encadrement : au début, il est informé plus que les autres et avant les autres. Ainsi il peut devenir un relai. Il s'assure que ses équipes adoptent les nouvelles manières de faire et est lui-même formé. Le responsable du management du changement aide ses équipes à passer les difficultés. Puis le management du changement termine en aidant l'encadrement à passer ses propres difficultés. Tout commence avec l'encadrement et termine avec l'encadrement.

C'est à cette étape que la communication de projet se termine en tant que telle. Elle peut être reprise dans les communications habituelles de l'organisation (intranet, journal d'entreprise, etc.)

Il nous reste désormais une dernière étape : la culture finale…

Mes Notes

DÉTENDEZ-VOUS !

Un changement ancré dans la culture

L'étape Culture (finale)

ette dernière étape est votre point d'arrivée. Quand l'avez-vous atteinte ? Quand une majorité de personnes a acquis de nouvelles habitudes.

Rappelez-vous la loi de la majorité au début de cet ouvrage. Il est très difficile d'être en désaccord avec ses pairs.

Une fois que la majorité des personnes a adopté les nouveaux modes de fonctionnement, il devient très difficile pour quelqu'un d'expliquer que ça ne peut pas marcher, que c'est trop difficile, qu'on n'y arrivera jamais.

Le poids de la majorité est très puissant. C'est pour cela que vous savez que vous avez gagné lorsque la majorité des collaborateurs concernés a franchi l'étape habitude. Vous passez donc alors à l'étape culture finale.

Le projet est donc quasiment fini.

Il reste quelques petites actions à effectuer qui consistent à modifier ou adapter les supports de l'entreprise, les référentiels et les cursus de formation standard afin que les nouveaux modes de fonctionnement y apparaissent.

Bien que cette étape soit simple, il est important de ne pas l'oublier. Ne vous est-il pas déjà arrivé de « réinventer une procédure » qui existait autrefois, mais qui s'était perdue au fil du temps et au gré des interprétations personnelles ? Ceci arrive lorsqu'on a oublié de sécuriser le système avec cette étape.

Mes Notes

Conclusion

Avec cet ouvrage, vous devriez maintenant être suffisamment éclairé pour éviter les erreurs à ne pas faire, et vous devriez connaître la séquence correcte des actions à mettre en place.

Mais quels sont finalement les ingrédients du succès pour qu'un changement se passe le mieux possible ?

Nous les avons listés ci-dessous :

1. Obtenir une analyse pertinente de la situation de départ.
2. Avoir une compréhension claire de la cible à atteindre.
3. Savoir mettre en place et conduire un dispositif qui fonctionne comme une équipe bien coordonnée.
4. Partager une méthodologie commune pour bien savoir où vous en êtes, et tomber d'accord sur les

prochaines actions à mettre en place. C'est tout l'objet de cet ouvrage.

5. Etre pertinent et créatif pour choisir la manière de mettre en place les différentes actions à chaque étape.

6. Garder votre détermination à faire avancer les choses dans cette course de fond qu'est un changement.

L'équilibre entre ces éléments est l'alchimie du succès.

Notre travail, ce que nous aimons faire, est d'aider à créer cette alchimie la meilleure possible à travers nos services, que vous pouvez consulter sur notre site **www.key-partners.biz.**

Enfin, et pour conclure, sachez que vous bénéficiez en tant que lecteur d'un troisième cadeau : un poster téléchargeable des différentes étapes de la roue du changement que vous avez découvertes dans cet ouvrage. Vous pourrez l'afficher pour ne rien oublier de la démarche. Pour cela, rendez-vous sur notre site www.detendezvous-lelivre.com et entrez le mot de passe « procmp » pour le télécharger.

Bon management du changement !

Patrice Wellhoff

LA ROADMAP DES ACTIONS DE CHANGEMENT A MENER La méthode PROCMP©	
Culture	1. Comprendre au mieux la cible et ses composantes.
	2. Observer et découvrir la situation existante.
	3. Evaluer et planifier les changements à mettre en place.
Perception	4. Préparer l'encadrement par une communication adéquate.
	5. Officialiser le projet avec communication de lancement et feedbacks.
Mode de Pensée	6. Concevoir les changements nécessaires.
	7. Continuer la communication autour du projet.
	8. Apporter la connaissance adéquate.
Comportement	9. Mettre en route les pilotes.
	10. Rendre l'environnement cohérent.
	11. Déployer, coacher la mise en œuvre du changement.
	12. Continuer à communiquer.
Habitude	13. Stabiliser la situation.
	14. Organiser la pérennité du changement.
	15. Permettre à l'encadrement de tenir son rôle.
Culture	16. Inscrire les nouvelles habitudes dans les supports de l'entreprise.